First Start Reading

Phonics, Reading, and Printing

Book B

Cheryl Lowe

A Memoria Press Guide

First Start Reading

Phonics, Reading, and Printing

Book B

by Cheryl Lowe

Published by:
Memoria Press
www.memoriapress.com

First Edition © 2010 by Memoria Press Copyright
All rights reserved
ISBN #978-1-61538-008-4

Illustrated by Starr Steinbach
Cover Design by Karah J. Force

Contents: Book A

Contents: Book B

Lesson 1
I i

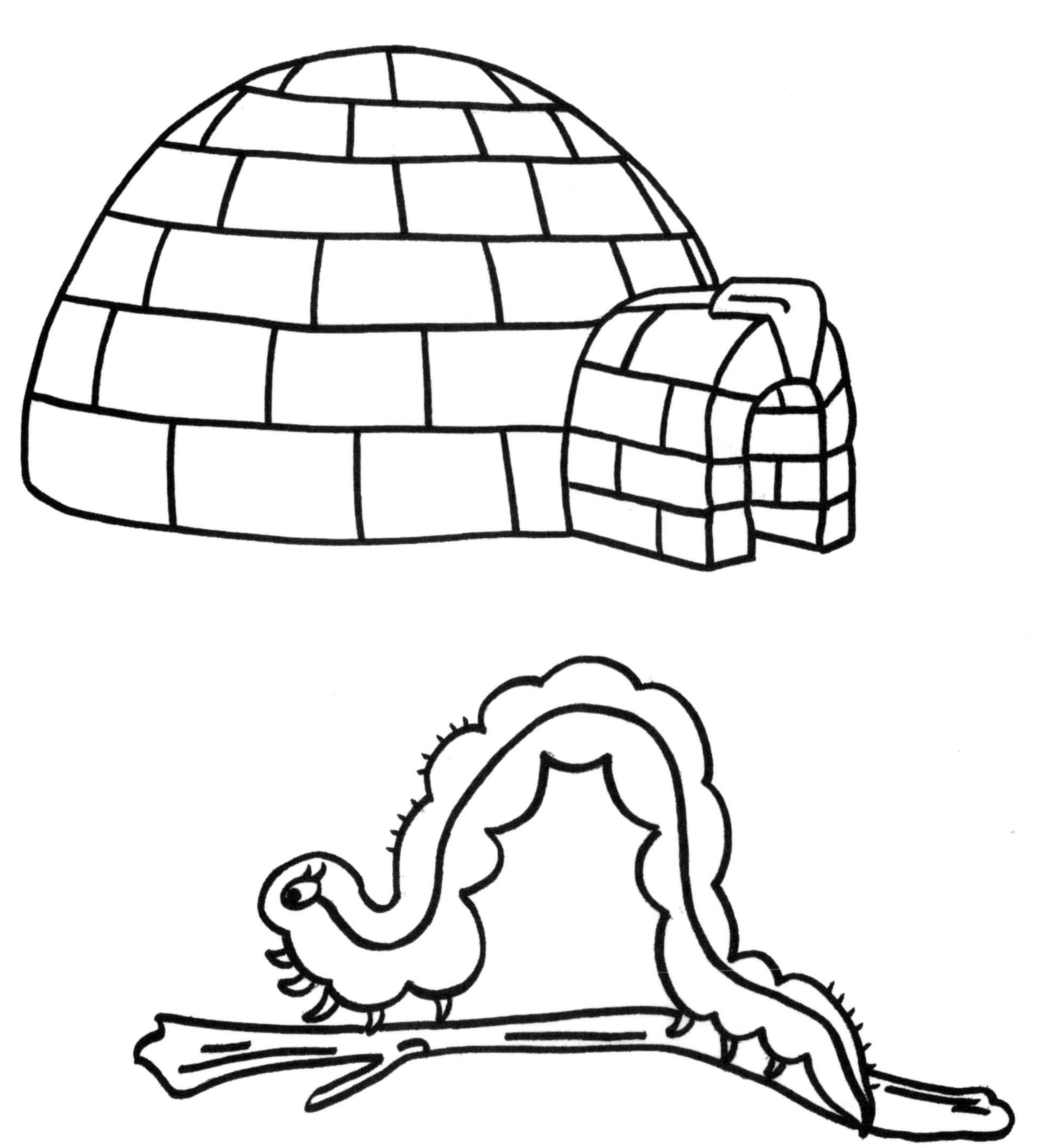

Draw a picture of something that begins with /i/.

1.

2.

3.

4.

5.

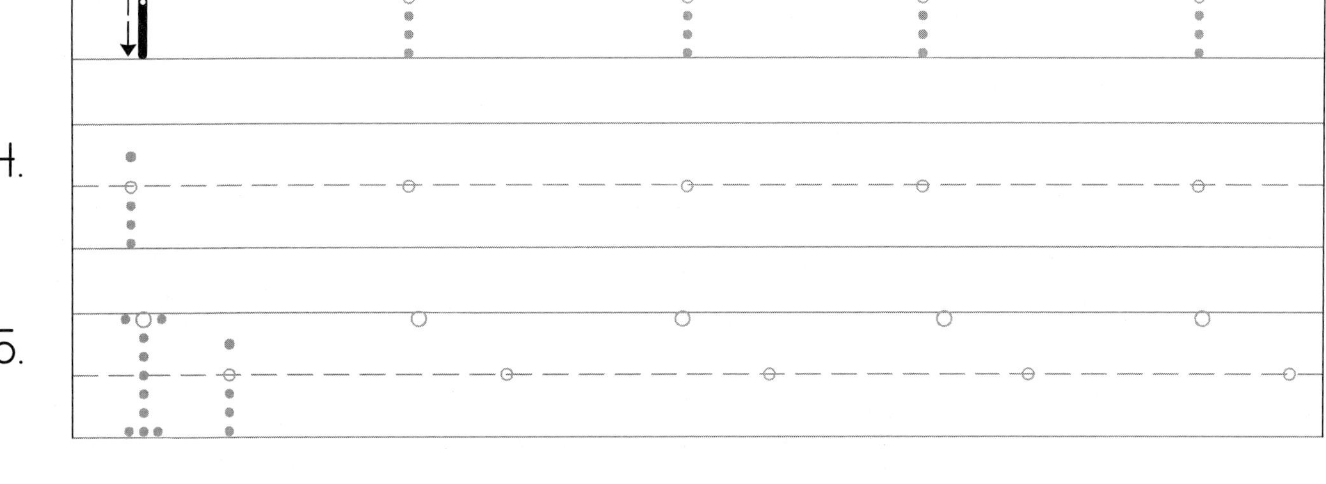

Lesson 2

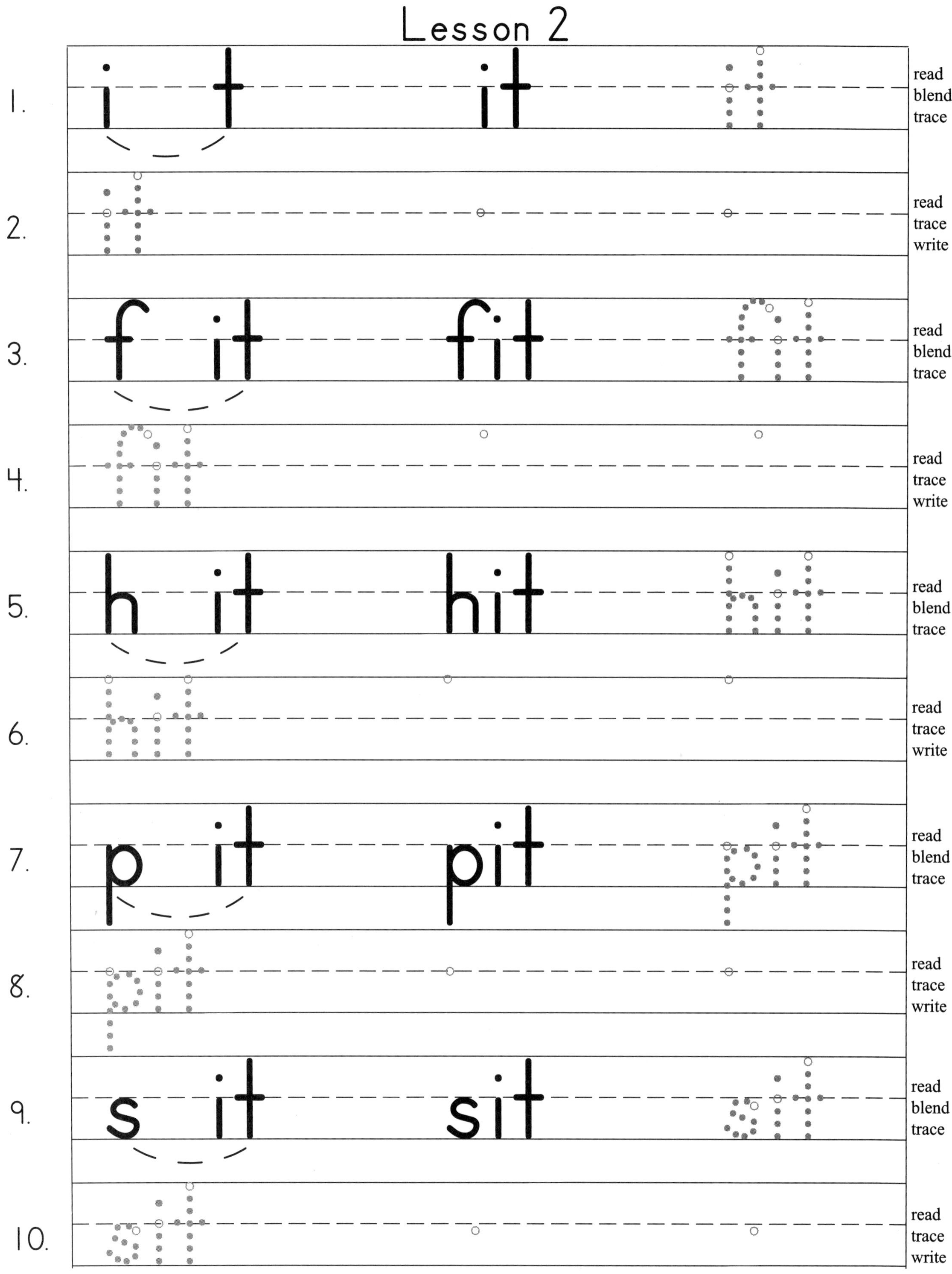

1. i t   it   it — read / blend / trace

2. it — read / trace / write

3. f it   fit   fit — read / blend / trace

4. fit — read / trace / write

5. h it   hit   hit — read / blend / trace

6. hit — read / trace / write

7. p it   pit   pit — read / blend / trace

8. pit — read / trace / write

9. s it   sit   sit — read / blend / trace

10. sit — read / trace / write

Lesson 2

1. i n   in   in

2. in

3. f in   fin   fin

4. fin

5. p in   pin   pin

6. pin

7. s in   sin   sin

8. sin

9. t in   tin   tin

10. tin

Lesson 3

1. i p   ip   ip   read / blend / trace

2. ip   read / trace / write

3. n ip   nip   nip   read / blend / trace

4. nip   read / trace / write

5. r ip   rip   rip   read / blend / trace

6. rip   read / trace / write

7. s ip   sip   sip   read / blend / trace

8. sip   read / trace / write

9. t ip   tip   tip   read / blend / trace

10. tip   read / trace / write

10

Lesson 3

1. i m   im   read blend trace

2.   read trace write

3. h im   him   read blend trace

4.   read trace write

5. r im   rim   read blend trace

6.   read trace write

7. T im   Tim   read blend trace

8.   read trace write

9. i f   if   read blend trace

10.   read trace write

Lesson 4
I i

Draw a picture of one sentence that you read.

Pam and Tim's Hat

1. Pam and Tim sit and sip.

2. A rat is in Tim's cap!

3. The rat nips it!

4. The cat hits the rat!

5. Tim's cap has a rip in the rim.

6. Pam has Tim's cap and a pin.

7. Tim's cap fits him.

8. Pam is fast.

1.

2.

3.

4.

5.

6.

7.

8.

9.

10.

Lesson 5 Dictation – Common Words

1.

2.

3.

4.

5.

6.

7.

8.

9.

10.

Lesson 6
G g

1.

2.

3.

4.

5.

Lesson 7

1. i g   ig   ig   read blend trace

2. ig   read trace write

3. f ig   fig   fig   read blend trace

4. fig   read trace write

5. p ig   pig   pig   read blend trace

6. pig   read trace write

7. g as   gas   gas   read blend trace

8. gas   read trace write

9. g ap   gap   gap   read blend trace

10. gap   read trace write

Lesson 7

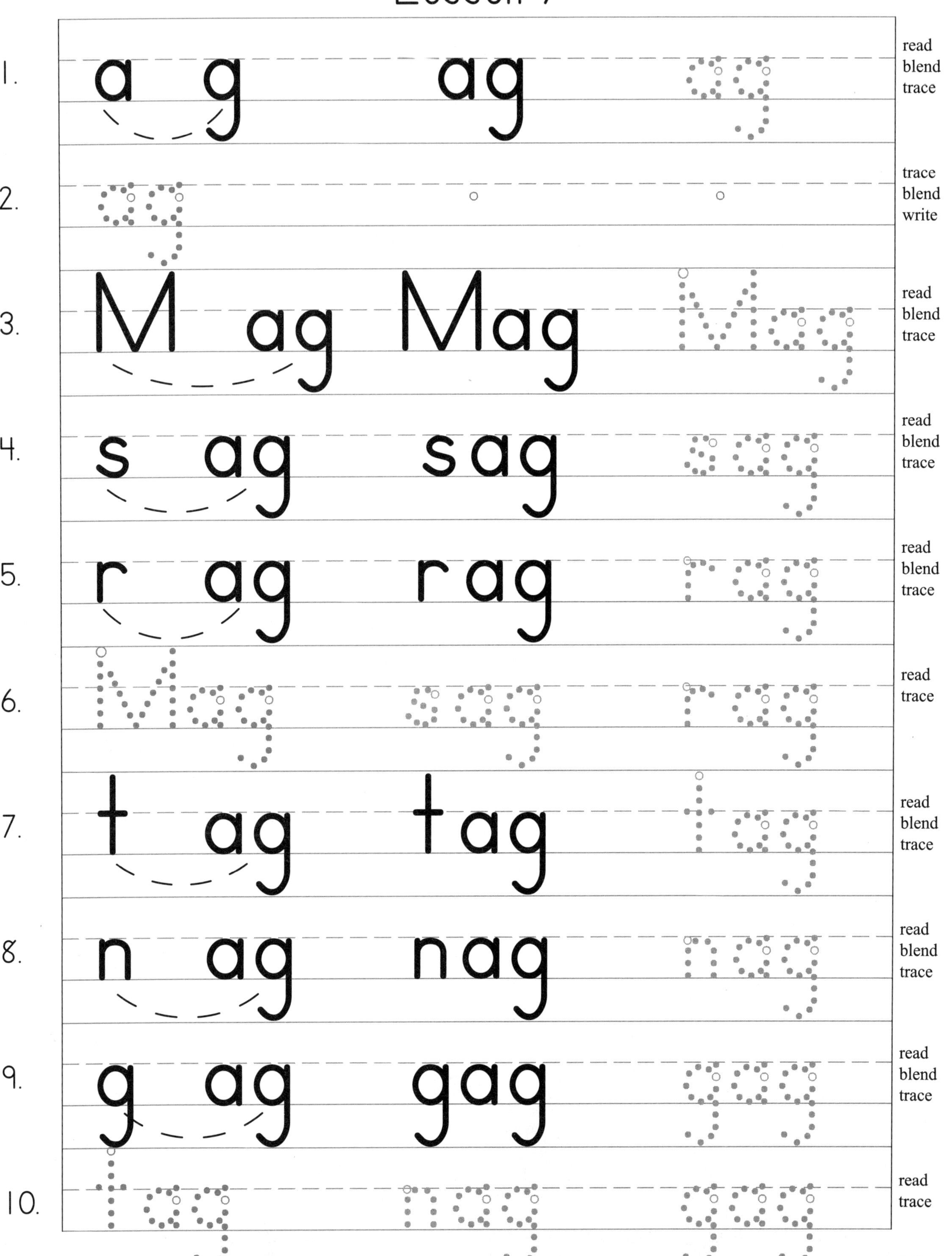

1. a g   ag   read / blend / trace

2. ag   trace / blend / write

3. M ag Mag   read / blend / trace

4. s ag sag   read / blend / trace

5. r ag rag   read / blend / trace

6. Mag sag rag   read / trace

7. t ag tag   read / blend / trace

8. n ag nag   read / blend / trace

9. g ag gag   read / blend / trace

10. tag nag gag   read / trace

19

Lesson 8
G g

Draw a picture of one sentence that you read.

Mag's Pig

Mag's pig has a ham and a fig.
Mag's pig gags at the fig!
Mag nags him.
Mag's pig is in the pits.

Mag's Hat

Mag's hat has a tag.
Mag rips the hat!
Mag's hat sags as a rag.
Mag is in the pits.

1.

2.

3.

4.

5.

6.

7.

8.

9.

10.

1.

2.

3.

4.

5.

6.

7.

8.

9.

10.

Lesson 10
Ll

Draw a picture of something that begins with /l/.

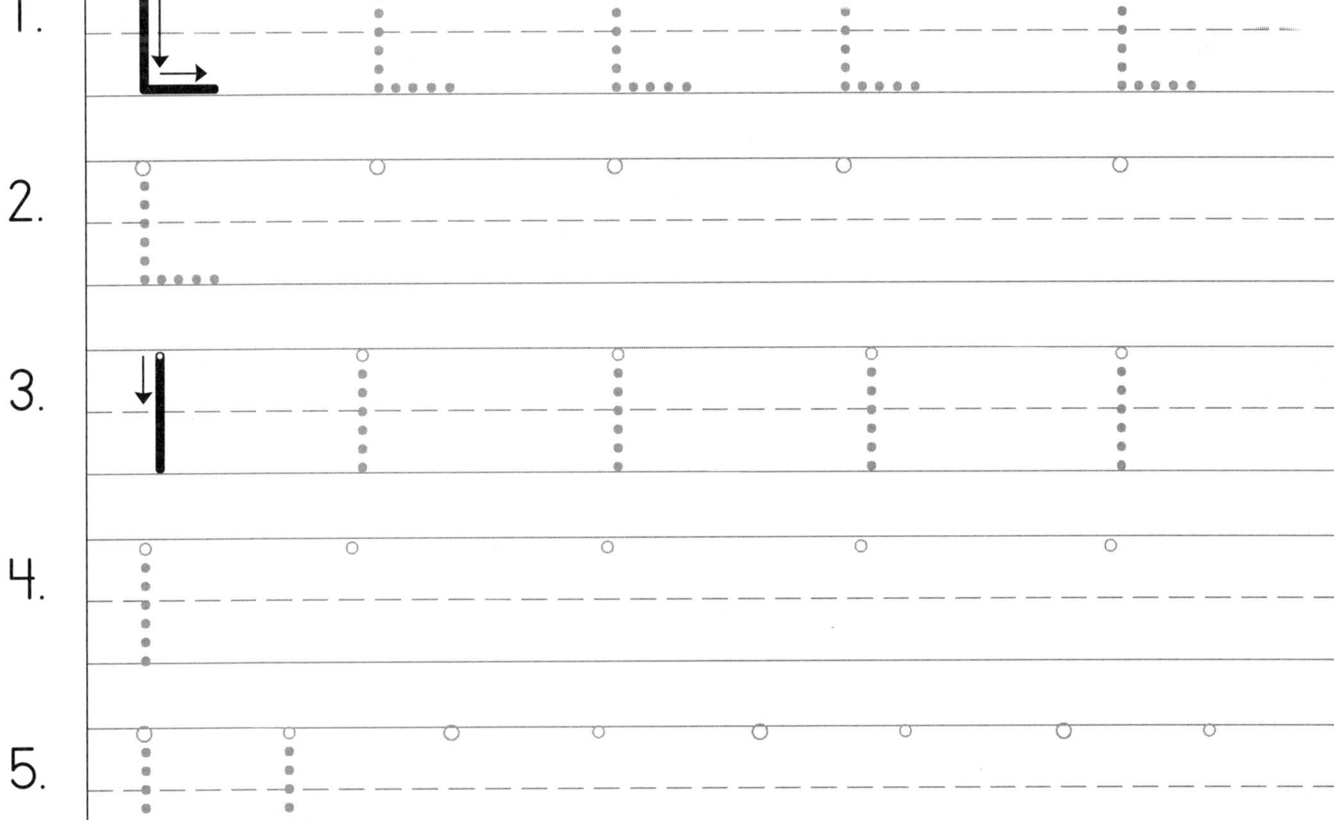

1.

2.

3.

4.

5.

Lesson 11

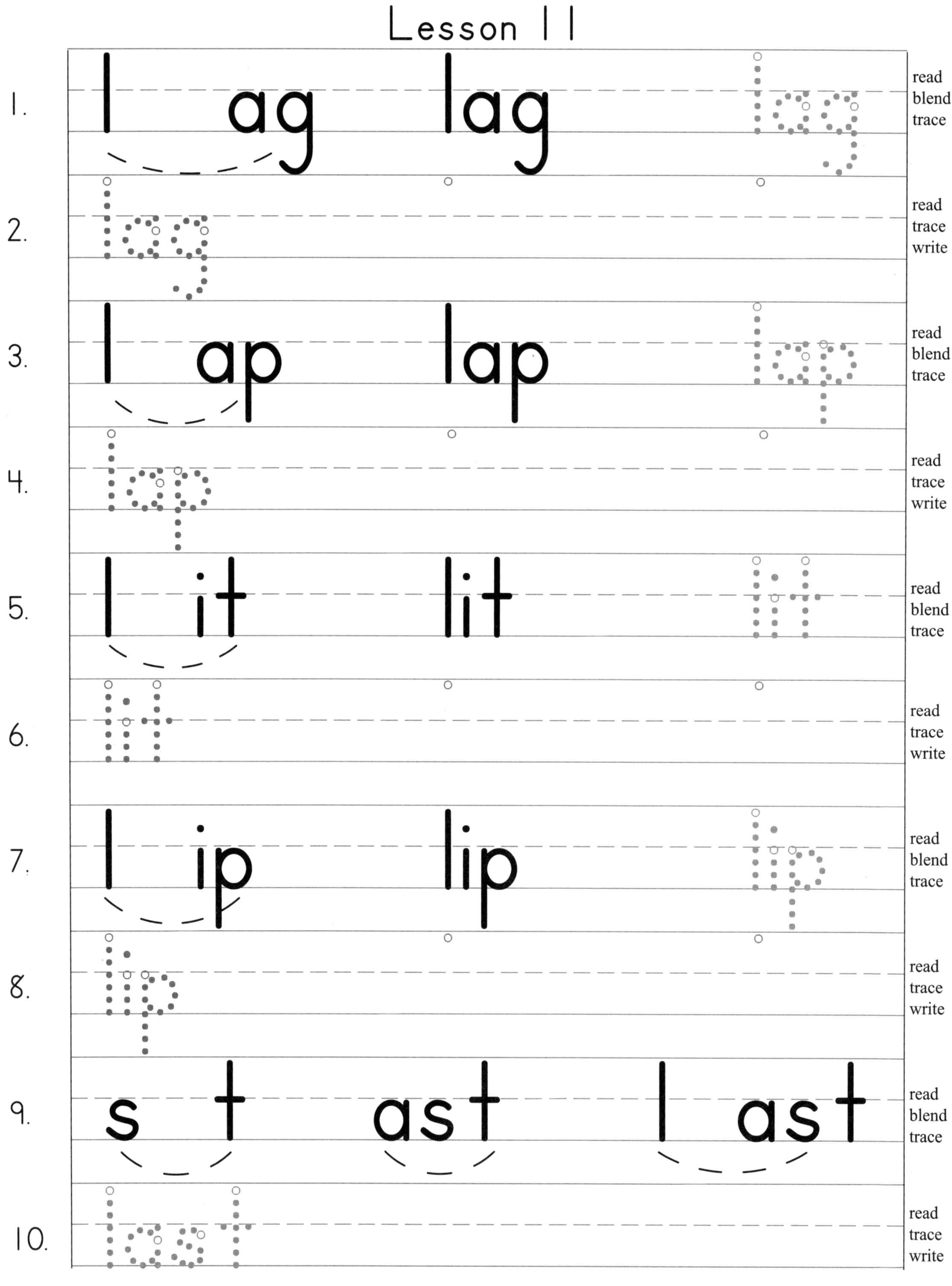

1. l ag   lag   lag   read blend trace

2. lag   read trace write

3. l ap   lap   lap   read blend trace

4. lap   read trace write

5. l it   lit   lit   read blend trace

6. lit   read trace write

7. l ip   lip   lip   read blend trace

8. lip   read trace write

9. s t   ast   l ast   read blend trace

10. last   read trace write

26

Lesson 11

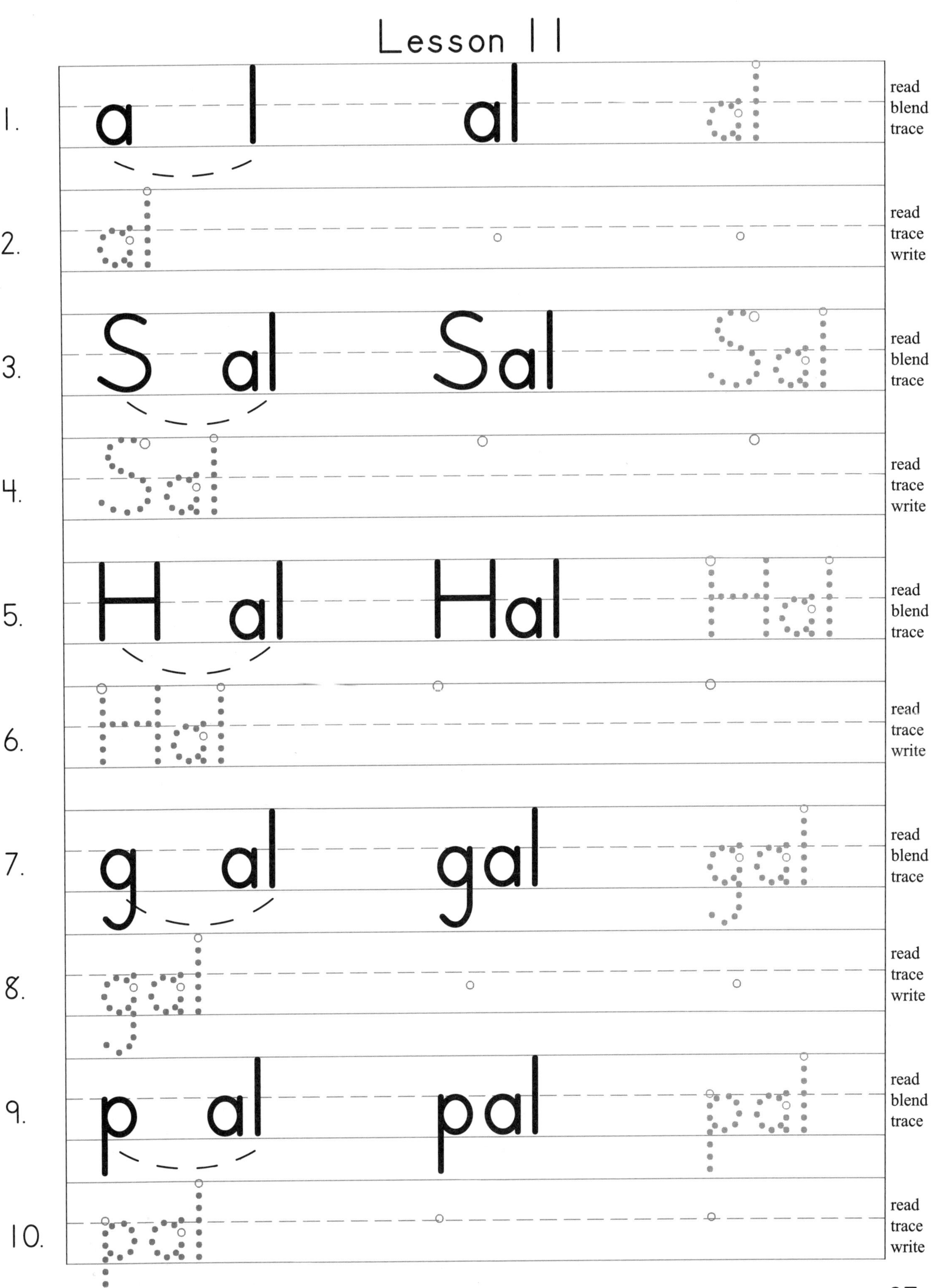

1. a l   al   read / blend / trace

2.   read / trace / write

3. S al   Sal   read / blend / trace

4.   read / trace / write

5. H al   Hal   read / blend / trace

6.   read / trace / write

7. g al   gal   read / blend / trace

8.   read / trace / write

9. p al   pal   read / blend / trace

10.   read / trace / write

27

Lesson 12

L l

Hal and Sal

Sal is a gal.   Hal is Sal's pal.

Sal's pig sits in Hal's lap.

The pig has Hal's cap!

It fits him.

Hal and Sal Ran

Hal and Sal ran a lap.

Hal ran fast. Sal is last.

Sal tags Hal!

Sal and Hal sit on the mat and nap.

1.

2.

3.

4.

5.

6.

7.

8.

9.

10.

1.

2.

3.

4.

5.

6.

7.

8.

9.

10.

Lesson 14

Draw a picture of something that begins with /o/.

1.

2.

3.

4.

5.

Lesson 15

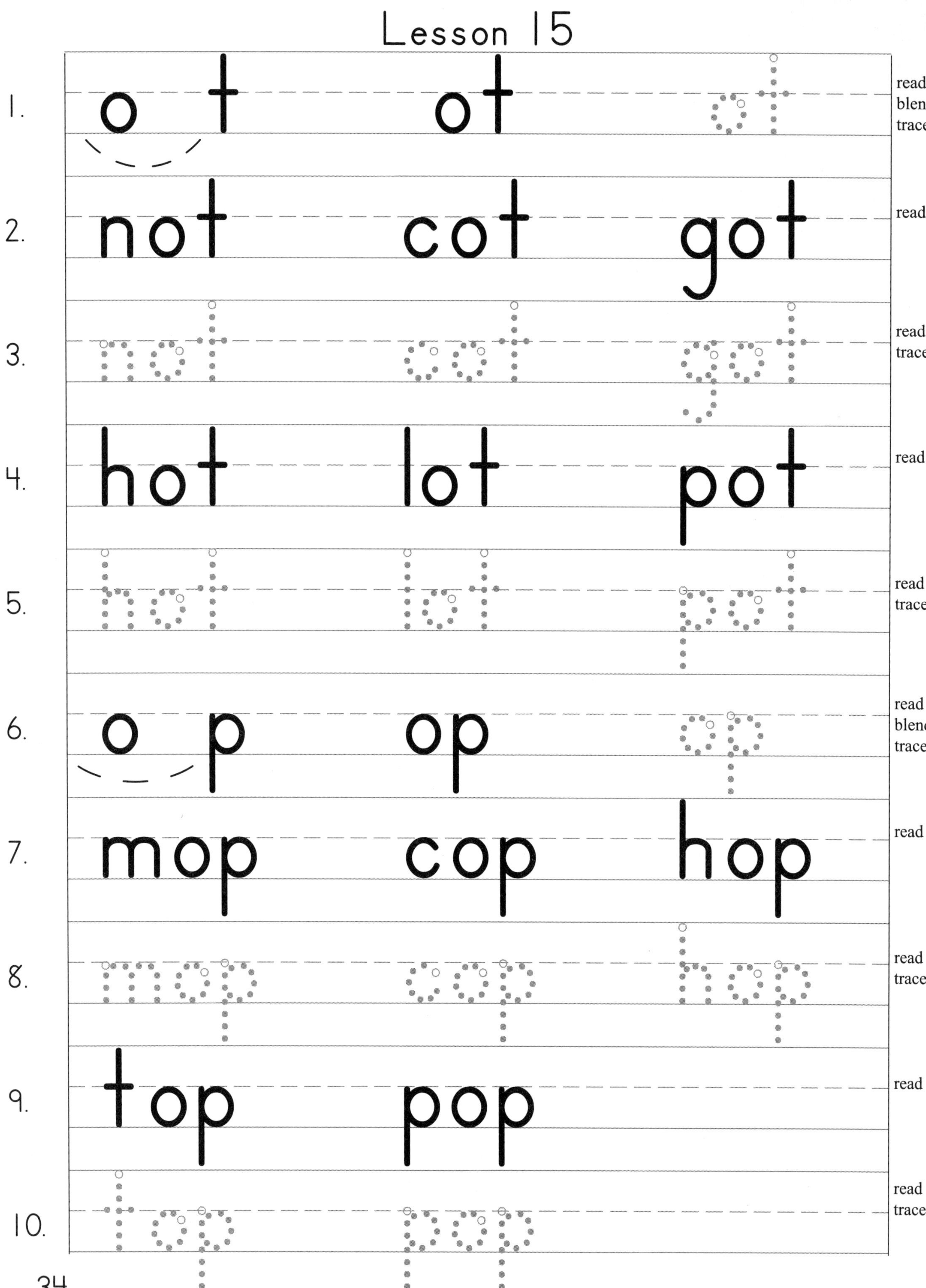

1. o t   ot   ot — read blend trace

2. not   cot   got — read

3. not   cot   got — read trace

4. hot   lot   pot — read

5. hot   lot   pot — read trace

6. o p   op   op — read blend trace

7. mop   cop   hop — read

8. mop   cop   hop — read trace

9. top   pop — read

10. top   pop — read trace

34

Lesson 15

1. o g   og   og   read / blend / trace

2. fog   hog   log   read

3. fog   hog   log   read / trace

4. fog   hog   log   read / trace

5. o n   on   on   read / blend / trace

6. R on   Ron   Ron   read / blend / trace

7. on   Ron   on   read / trace

8. Tom   Tom   Tom   read / blend / trace

9. m om   mom   mom   read / blend / trace

10. Tom   mom   Tom   read / trace

Lesson 16

O o

Ron and Tom

Ron and Tom sit on a log.

Ron and Tom sat in the fog.

Ron is hot.

Tom got him a fan.

Tom is not hot.

Mom

Mom has a ham in the pot.

The pot has a top. The pot is hot.

Mom tips the pot !

Mom mops a lot.

Mom naps on the cot.

Lesson 17

1. go   so no   Oh!   read

2. go   so no   Oh   trace trace

3. go   so no   Oh   read trace

4. do   to   too   read

5. do   to   too   read trace

6. do   to   too   read trace

7. of   off   one   read

8. of   off   one   read trace

9. ?   ? ? ? ? ?   trace

10. ?   trace write

The Hot Pot

The top of the pot is hot.
Oh!   The pot is too hot.
So do not go to the hot pot.

The pot pops a lot!
Is the top off the pot?
Do not tip the pot. It is too hot.

Hogs and Pigs

One hog is on the log.
One hog is off the log.
One hog hops a lot.
One hog mops a lot.
Oh! Pigs go to the log.
Do the pigs hop and mop, too?

1.

2.

3.

4.

5.

6.

7.

8.

9.

10.

Lesson 18   Dictation – Common Words with O

1.

2.

3.

4.

5.

6.

7.

8.

9.

10.

Lesson 19

B b

Draw a picture of something that begins with /b/.

1. B B B B B

2. B

3. b b b b b

4. b

5. Bb

Lesson 20

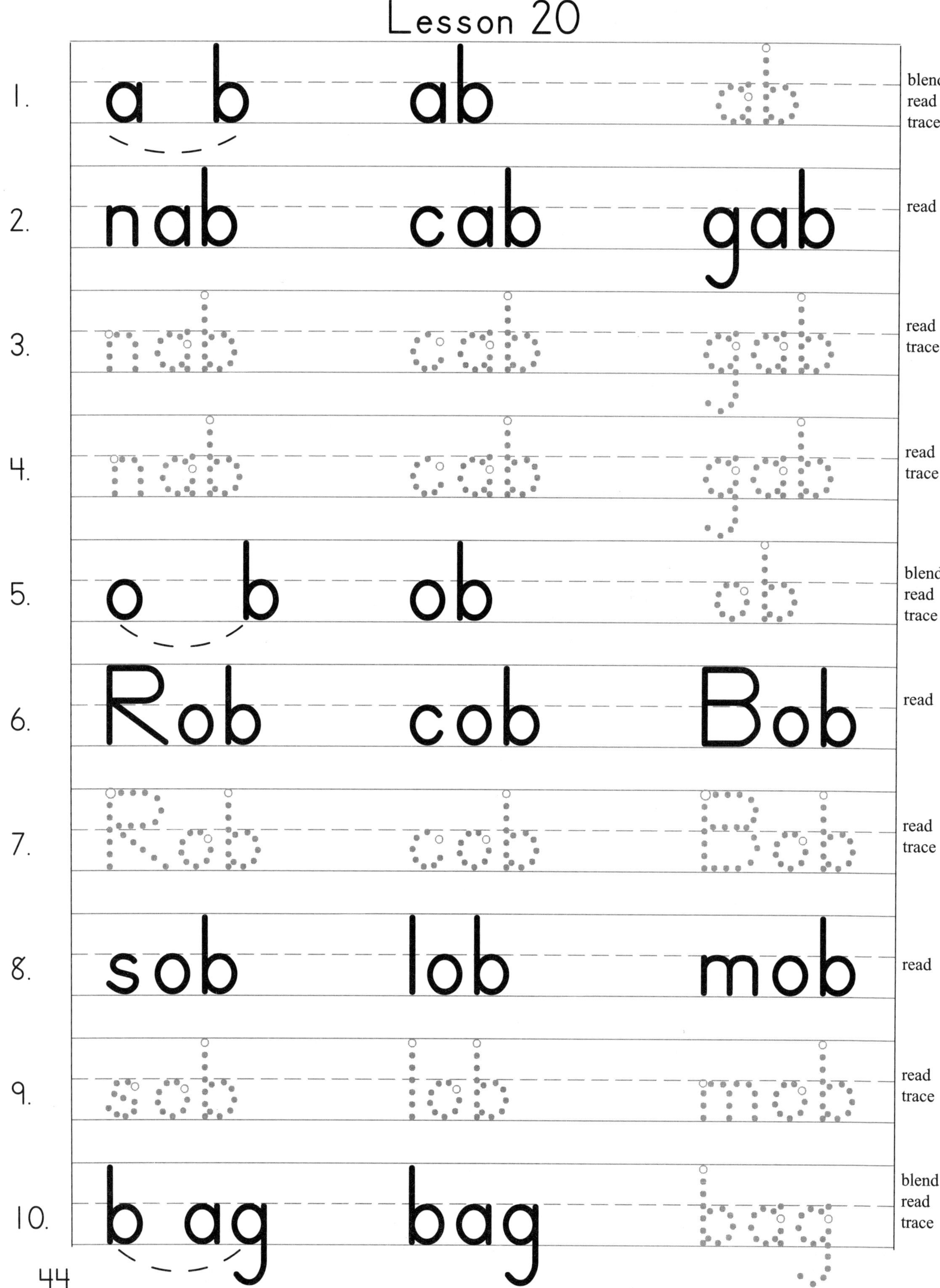

1. a b   ab   ab   blend / read / trace

2. nab   cab   gab   read

3. nab   gab   gab   read / trace

4. nab   gab   gab   read / trace

5. o b   ob   ob   blend / read / trace

6. Rob   cob   Bob   read

7. Rob   cob   Bob   read / trace

8. sob   lob   mob   read

9. sob   lob   mob   read / trace

10. b ag   bag   bag   blend / read / trace

44

Lesson 20

1. i b   ib   ib   blend read trace

2. rib   fib   bib   read

3. rib   fib   bib   read trace

4. rib   fib   bib   read trace

5. b it   bit   bit   blend read trace

6. b am   bam   bam   blend read trace

7. b in   bin   bin   blend read trace

8. b at   bat   bat   blend read trace

9. b ig   big   big   blend read trace

10. b an   ban   ban   blend read trace

Lesson 21

B b

Bob and Rob

Bob has a bib. Bob bit a big rib.
Rob has a bib. Rob bit a big cob.
Oh! Rob bit his lip!
Rob sobs. Bob sobs, too.

Pam and Mag

Pam and Mag sip and gab.
Do Pam and Mag go to the cab? No!
Pam and Mag go to the cot to nap.
Pam naps. Mag naps, too.

Lesson 22   Dictation – Words with B

1.

2.

3.

4.

5.

6.

7.

8.

9.

10.

1.

2.

3.

4.

5.

6.

7.

8.

9.

10.

Lesson 23
Dd

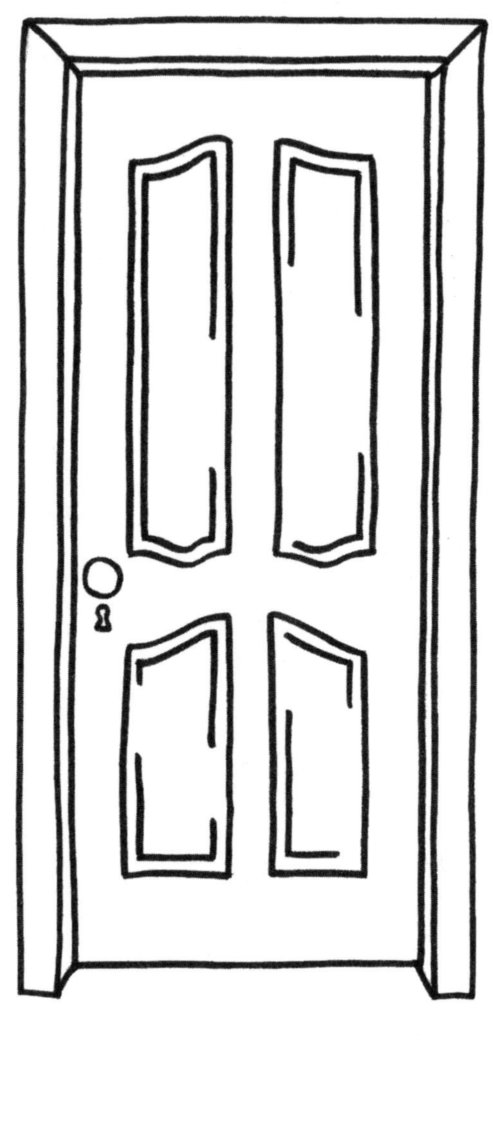

Draw a picture of something that begins with /d/.

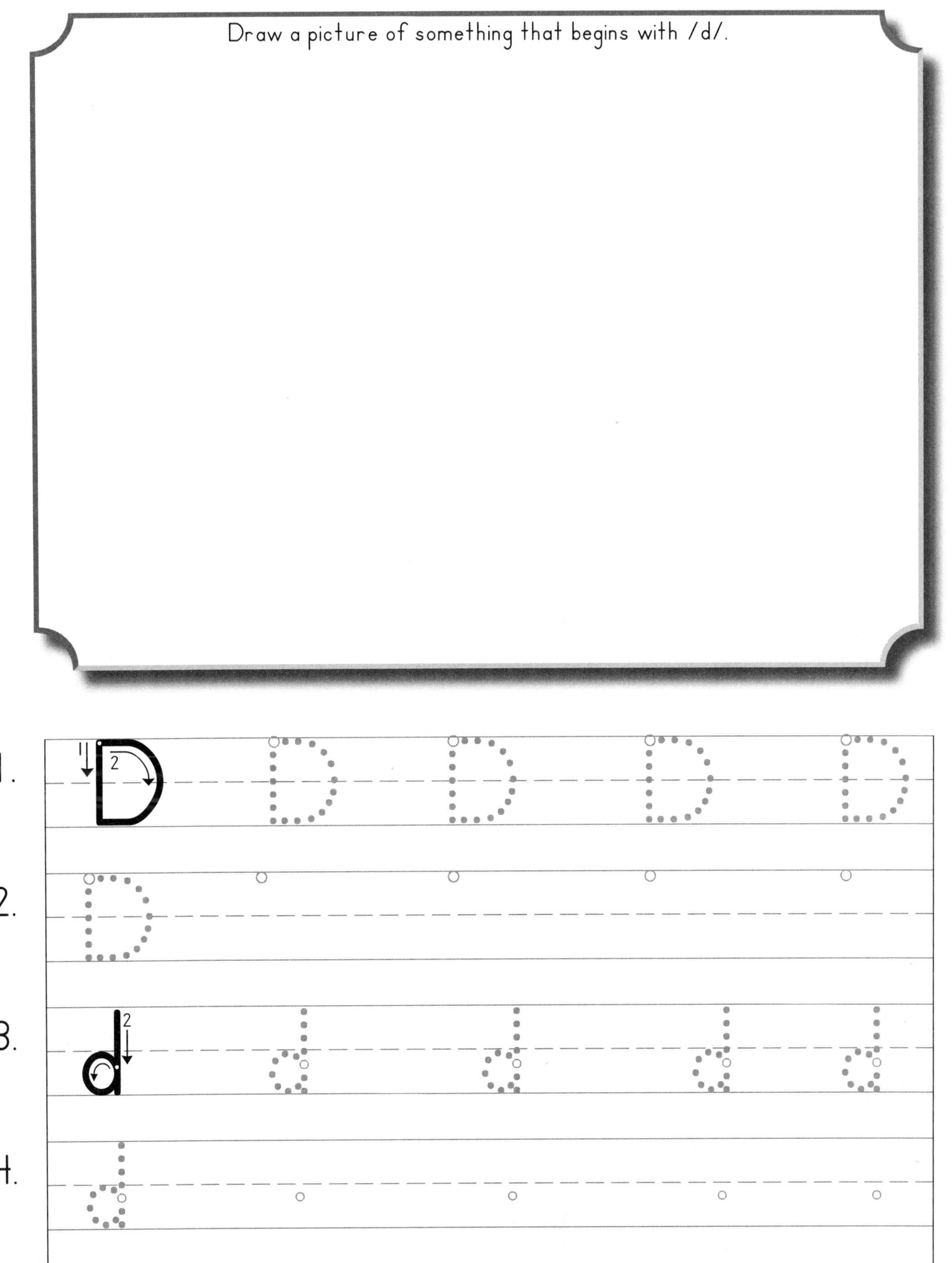

1.
2.
3.
4.
5.

Lesson 24

1. a d   ad   ad

2. mad   dad   lad

3. mad   dad   lad

4. had   sad   bad

5. had   sad   bad

6. i d   id   id

7. rid   hid   lid

8. rid   hid   lid

9. bid   did

10. bid   did

Lesson 24

1. o d   od

2. nod   Tod   Rod

3. nod   Tod   Rod

4. dig   dim   dip

5. dig   dim   dip

6. dig   dim   dip

7. dot   Don   dog

8. dot   Don   dog

9. Dan   dam

10. Dan   dam

Lesson 25
Dd

Draw a picture of one sentence that you read.

Tod

Dan and Don go to the top of the dam.
Tod did not go to the top.
Tod is a mad lad.
Is Tod sad?

Dad's Bad Dog

Dad had a bad dog.
The dog bit his cat !
The dog ran off.
Dad is rid of that bad dog.
Is Dad sad?

Lesson 26   Dictation – Words with D

1.

2.

3.

4.

5.

6.

7.

8.

9.

10.

1.

2.

3.

4.

5.

6.

7.

8.

9.

10.

First Start Reading Word Mastery Review

Review
<u>Word families</u>

<u>**am**</u>	<u>**an**</u>	<u>**at**</u>
am	an	at
ham	man	hat
Sam	tan	sat
ram	ran	mat
Pam	pan	fat
bam	fan	rat
dam	can	pat
	than	cat
	ban	that
	Dan	Pat
		bat

Review
Word families

<table>
<tr><td>ap</td><td>ag</td><td>ab</td></tr>
<tr><td>map</td><td>bag</td><td>nab</td></tr>
<tr><td>nap</td><td>tag</td><td>cab</td></tr>
<tr><td>tap</td><td>lag</td><td>gab</td></tr>
<tr><td>cap</td><td>rag</td><td></td></tr>
<tr><td>gap</td><td>sag</td><td></td></tr>
<tr><td>lap</td><td>Mag</td><td></td></tr>
<tr><td></td><td>nag</td><td>ad</td></tr>
<tr><td></td><td>gag</td><td>bad</td></tr>
<tr><td>al</td><td></td><td>dad</td></tr>
<tr><td>gal</td><td></td><td>had</td></tr>
<tr><td>pal</td><td>as</td><td>mad</td></tr>
<tr><td>Sal</td><td>gas</td><td>sad</td></tr>
<tr><td>Hal</td><td></td><td>lad</td></tr>
</table>

Review
<u>Word families</u>

ip	**in**	**it**
dip	in	it
hip	pin	hit
lip	tin	fit
rip	sin	sit
tip	fin	pit
sip	bin	bit
nip		lit

im	**ib**
him	bib
rim	rib
Tim	fib

Review
<u>Word families</u>

<u>id</u>	**<u>ig</u>**	**<u>if</u>**
hid	big	if
did	dig	
lid	fig	
bid	pig	
rid		

<u>ot</u>	**<u>op</u>**	**<u>ob</u>**
hot	top	cob
lot	hop	mob
pot	mop	sob
cot	pop	Rob
not	cop	lob
got		Bob
dot		

Review

<u>on</u>

on

Ron

Don

<u>od</u>

nod

Tod

cod

Rod

<u>og</u>

hog

fog

log

dog

<u>om</u>

Tom

mom

64

Review
<u>CVC words grouped by beginning consonant</u>

B	C	D
bag	can	dam
bat	cap	dim
bib	cat	dip
bit	cab	dig
bam	cob	did
big	cot	dot
bad	cop	dog
Bob		Dad
		Dan
		Don

Review
CVC words grouped by beginning consonant

F	H	L
fan	hat	lag
fat	ham	lap
fit	him	lit
fin	hit	lip
fig	hog	lot
fog	hot	log
G	hop	lad
gag	had	lob
gap	hid	lid
gas	Hal	
gal		
got		
gab		

Review
<u>CVC words grouped by beginning consonant</u>

<u>M</u>	<u>N</u>	<u>P</u>
man	nap	pan
map	nip	pat
mat	nag	pop
mop	not	pin
mad	nod	pig
Mag	nab	pal
		pot
		Pam

Review

<u>CVC words grouped by beginning consonant</u>

R	S	T
ran	sat	tan
rat	sit	tap
ram	sin	tip
rim	sag	tin
rag	sob	tag
rib	sad	top
Rob	Sam	Tom
rid	Sal	Tod
	sip	

Review

Sound out these real and nonsense words.

cod	fad	bip
rit	rop	gob
mod	nan	mab
nin	dag	dib
dal	baf	bif

Plurals and Possessives

sobs	Hal's	tags
pigs	Mag's	Tim's
mops	naps	nips
hops	Rob's	fits

Word Mastery Review
<u>Common Words</u>

<u>Row 1</u>	<u>Row 2</u>
I	go
a	so
as	no
is	Oh!
has	to
his	too
the	do
than	of
that	off
fast	one
and	
last	

Book B
Assessments

Book B Assessment 1
CVC Words

Row 1	Row 2
bit	did
lip	tag
Rod	Pat
fin	Tom
if	gal
lad	fig
Ron	Rob
him	has
lap	hot
log	top

Book B Assessment 2
<u>Common Words</u>

<table>
<tr><td><u>Row 3</u></td><td><u>Row 4</u></td></tr>
<tr><td>I</td><td>go</td></tr>
<tr><td>a</td><td>so</td></tr>
<tr><td>as</td><td>no</td></tr>
<tr><td>and</td><td>Oh!</td></tr>
<tr><td>has</td><td>to</td></tr>
<tr><td>his</td><td>too</td></tr>
<tr><td>the</td><td>do</td></tr>
<tr><td>than</td><td>of</td></tr>
<tr><td>that</td><td>off</td></tr>
<tr><td>fast</td><td>one</td></tr>
</table>

Book B   Assessment 3   Dictation <u>CVC words</u>

1.

2.

3.

4.

5.

6.

7.

8.

9.

10.

Book B Assessment 4 Dictation <u>Common Words</u>

1.

2.

3.

4.

5.

6.

7.

8.

9.

10.

1.

2.

3.

4.

Total

Notes

Notes

Notes

Notes

Notes

Notes

Notes